SELBER DENKEN 3|4

Lehrwerk für Werte und Normen

Herausgegeben von
Gustav Beyer und Klaus Blesenkemper

Erarbeitet von
Waltraud Bagge, Gustav Beyer,
Klaus Blesenkemper, Sarah Huck,
Taalke Hanna Joosten und
Anna Plader

C.C.BUCHNER

SELBER DENKEN

Lehrwerk für Werte und Normen in der Grundschule

Herausgegeben von Gustav Beyer und Klaus Blesenkemper

Selber denken 3|4
Erarbeitet von Waltraud Bagge, Gustav Beyer, Klaus Blesenkemper, Sarah Huck, Taalke Hanna Joosten und Anna Plader

Zu diesem Lehrwerk sind erhältlich:
- Digitales Schulbuch **click & study**, Einzellizenz, WEB-Bestell-Nr. 200221
- Digitales Lehrermaterial **click & teach** Einzellizenz, WEB-Bestell-Nr. 20041

Weitere Lizenzformen (Einzellizenz flex, Kollegiumslizenz) und Materialien unter www.ccbuchner.de.

1. Auflage, 1. Druck 2025

Alle Drucke dieser Auflage sind, weil untereinander unverändert, nebeneinander benutzbar.

Dieses Werk folgt der reformierten Rechtschreibung und Zeichensetzung. Ausnahmen bilden Texte, bei denen künstlerische, philologische oder lizenzrechtliche Gründe einer Änderung entgegenstehen. Teile des Lehrwerks wurden mithilfe gängiger Large Language Models erstellt oder bearbeitet. Sämtliche Inhalte wurden anschließend redaktionell geprüft, überarbeitet und verantwortet. Weitere Informationen finden Sie auf www.ccbuchner.de/ki.

Auf verschiedenen Seiten dieses Buches finden sich Mediencodes. Sie verweisen auf optionale Unterrichtsmaterialien und Internetadressen (Links), die der Verlag in eigener Verantwortung zur Verfügung stellt.
Haftungshinweis: Trotz sorgfältiger inhaltlicher Kontrolle wird die Haftung für die Inhalte externer Seiten ausgeschlossen.

produktsicherheit@ccbuchner.de

Redaktion: Henrike Lerch
Layout und Satz: PER MEDIEN & MARKETING GmbH, Braunschweig
Illustrationen: Eva Künzel, Hamm
Umschlag: PER MEDIEN & MARKETING GmbH, Braunschweig
Druck und Bindung: mgo360 GmbH & Co. KG, Bamberg

www.ccbuchner.de

ISBN 978-3-661-**20022**-4

Hallo,

wir sind Karo und Faula und begleiten dich durch dieses Buch beim Staunen und Fragen, Mutig-Sein und **SELBER DENKEN**.

Manchmal gibt es bei den Aufgaben Symbole.
Die haben eine Bedeutung:

- Hier sollst du etwas **malen** oder **schreiben**.
- Hier arbeitet ihr **zu zweit**.
- Hier diskutiert ihr in einer **Gruppe** oder in der Klasse.
- Hier kannst du den Text als Lied oder als Hörtext **anhören**.
- Stachelaufgaben piksen manchmal und stacheln zum Weiterdenken an.
- Hier gibt es besondere Wörter.
- Der Pfeil führt dich zum Methodenspielplatz. Da wird erklärt, wie es geht.

Mediencode
20022-01

Manchmal gibt es auch QR-Codes. Da kannst du mit einem Smartphone oder Tablet mehr entdecken.

Wir wünschen viel Spaß beim SELBER DENKEN!

Inhaltsverzeichnis

Nachdenken – wertvoll für uns

Mediencode
20022-02

Karo, du siehst so nachdenklich aus ...

Klar: Wir beide hatten viele Fragen. Du wolltest in Ruhe selber denken, Dann haben wir angefangen, einander zuzuhören und uns zu verstehen.

Wir beide sind innerlich **reicher** geworden. Ich glaube, mein Denken ist durch dich nun viel **tiefer** ...

Wer seine Gedanken auf sein eigenes Denken richtet, der **reflektiert**. Eine wichtige Bedeutung dieses Wortes hängt mit seinem lateinischen Ursprung zusammen: **zurückbeugen**.

1 Karo und Faula denken in ihrem Gespräch auch über sich selbst nach.
Sammelt: Woran erkennt ihr, dass Faula und Karo reflektieren?

Ich **reflektiere**!
Ich denke über unser Philosophieren, über mich und über uns nach.
Erinnerst du dich noch an unsere ersten Gespräche?

Und so haben wir über viele Dinge wertschätzend gemeinsam nachgedacht. Ich habe vieles für mich Wichtige in meinem Kopf miteinander verbunden.

... und mein Denken wurde durch dich viel **weiter**.
Wenn wir **über etwas** philosophieren, dann philosophieren wir also auch **für uns**.

2 Erklärt die sprachlichen Bilder von Faula und Karo:
Was heißt, das Denken ist „reicher“, also „tiefer“ und „weiter“ geworden?

3 Reflektiere über deinen bisherigen Unterricht in Werte und Normen:
Bei welchem Gespräch, bei welchem Thema, bei welcher Geschichte oder bei welcher Aufgabe bist du „reicher“ geworden?

Gedanken anderer mitbedenken

Mediencode
20022-03

Alleine selber denken ist gut.
Zu mehreren gemeinsam selber denken ist besser. Noch besser ist es, gute Gedanken anderer mitzubedenken.

Hier habe ich etwas mitbedacht, was der Philosoph **Immanuel Kant** gedacht und geschrieben hat.

1 Erkläre: Warum behaupten Faula und Kant, dass man Gedanken anderer beim Selberdenken mitbedenken sollte?

Mediencode
20022-04

Der griechische Philosoph **Platon** hat aufgeschrieben, welche wichtigen Denkanregungen wir seinem Lehrer **Sokrates** verdanken: Sokrates nervte seine Mitbürger in Athen mit Fragen, mit denen er ihnen ihre Unwissenheit nachwies. Sokrates selbst glaubte auch nicht viel zu wissen. Aber er war *weise. Denn er wusste, dass er vieles nicht wusste.*
Ein Beispiel: Der Krieger Laches fragte Sokrates um Rat. Er suchte nach einem privaten Lehrer für Söhne, die tapfer werden sollten. Damals gab es noch keine Schulen wie heute. Sokrates wollte helfen und fragte:
„Was ist denn überhaupt Tapferkeit?“
Laches: „Tapfer ist, wer in einer Schlacht nicht flieht, sondern im Kampf dem Feind gegenüber seine Stellung hält.“
Sokrates: „Na gut, und was ist Tapferkeit beim Zahnarzt?“
Laches war verwirrt. Doch auch Sokrates konnte seine eigene Frage nicht beantworten. Aber der unwissende Sokrates wusste etwas mehr als der unwissende Laches.

2 Versucht selbst eine Erklärung: Was ist Tapferkeit als eine Fähigkeit, die man als Krieger im Kampf **und** auch als Patientin oder Patient beim Zahnarzt zeigen kann?

3 Untersuche: Was wusste Sokrates mehr als Laches?

Mediencode 20022-05

4 Erzählt: Bei welchen Fragen habt ihr keine klare Antwort gefunden, aber doch etwas erkannt?

Sich im Wir erleben

1 Beschreibe: Was siehst du auf dem Foto?
Was siehst du auf dem Gemälde?

2 Erzählt: Was könnte das Kind denken?
Was könnte die Frau sagen und denken?

3 Macht Vorschläge: Welche Überschrift passt
zu diesem Foto?

4 Das Gemälde trägt den Titel „Die Liebenden“. Prüft: In welcher Weise passt dieser Titel zu diesem Bild?

5 Diskutiert eure Vermutungen: Warum könnte das Gesicht der Person auf dem Foto links versteckt sein?
Was könnte der Grund sein, dass die beiden Gesichter in dem Bild verhüllt gemalt sind?

Der Tag der Geburt

Gibt es ein Leben nach der Geburt?

Mediencode 20022-08

Unterhalten sich zwei ungeborene Zwillinge im Bauch
ihrer Mutter.

„Psst... bist du wach?
Sag mal, glaubst du eigentlich an ein Leben nach der Geburt?"

„Ja, auf jeden Fall! Hier drinnen wachsen wir
und werden stark für das, was draußen kommen wird."

„Ich glaube, das ist Blödsinn! Es kann kein Leben nach
der Geburt geben – wie sollte das denn bitteschön aussehen?"

„So ganz genau weiß ich das auch nicht.
Aber es wird sicher viel heller als hier sein. Und vielleicht
werden wir herumlaufen und mit dem Mund essen?"

„So einen Unsinn habe ich ja noch nie gehört!
Mit dem Mund essen, was für eine verrückte Idee. Es gibt doch
die Nabelschnur, die uns ernährt. Und wie willst du herumlaufen?
Dafür ist die Nabelschnur doch viel zu kurz."

„Doch, es geht ganz bestimmt.
Es wird eben alles nur ein bisschen anders."

„Du spinnst! Es ist noch nie einer zurückgekommen
von ‚nach der Geburt'. Mit der Geburt ist das Leben zu Ende. Punkt."

„Ich gebe ja zu, dass keiner weiß, wie das Leben nach der
Geburt aussehen wird. Aber ich weiß, dass wir dann unsere
Mutter sehen werden – und sie wird für uns sorgen."

„Mutter? Du glaubst doch wohl nicht an eine Mutter?
Wo ist sie denn bitte?"

„Na hier – überall um uns herum. Wir leben in ihr –
und durch sie. Ohne sie könnten wir gar nicht sein!"

„Quatsch! Von einer Mutter habe ich noch nie
etwas bemerkt, also gibt es sie auch nicht."

„Doch! Manchmal, wenn wir ganz still sind, kannst du sie
singen hören. Oder spüren, wenn sie unsere Welt streichelt."

nach Henri J. M. Nouwen

1 Versetze dich in die Situation der Zwillinge. Welcher Sichtweise stimmst du eher zu? Begründe deine Antwort.

2 Sammelt in einer Tabelle: Was unterscheidet die Sicht auf die „Welt" vor und nach der Geburt?

Weil jeder Mensch durch die Geburt ein Anfang und Neuankömmling in der Welt ist, können Menschen Initiative ergreifen, Anfänger werden und Neues in Bewegung setzen. Wegen der Gebürtlichkeit ist jeder Mensch ein einzigartig Neues in der Welt.

Mediencode 20022-09

Hannah Arendt (1906–1975)

3 Erzähle: Was macht du jetzt schon ganz anders oder neu als die Erwachsenen, die du kennst? Oder: Was willst du Neues in Bewegung setzen?

4 „Gebürtlichkeit" ist ein merkwürdiger Ausdruck. Hannah Arendt hat ihn gebildet, um das Gegenteil von „Sterblichkeit" zu betonen. Erklärt: Was kann Gebürtlichkeit für Hannah Arendt alles bedeuten?

Ich entwickle mich

1 Beschreibe Faulas bisherigen Lebensweg.

geborgen

stolz

traurig

?

überrascht

fröhlich

2 Ordne zu und begründe: Welche Gefühle passen zu den einzelnen Erinnerungen?

3 Schließe deine Augen und erinnere dich: Welche Erinnerungen aus deinem Leben passen zu den Gefühlen?

4 Stelle deinen eigenen Lebensweg bis jetzt dar.

Jetzt kann ich

selber entscheiden | ein Risiko eingehen | Nein sagen | selber bestimmen | gute Gründe finden | anderen helfen | kein Risiko eingehen

5 Erzähle: Welche Beispiele aus deinem Leben passen zu diesen Fähigkeiten?

6 Wer ist für deine Entwicklung ein Vorbild? Schreibe in einem Brief an dein Vorbild: Für welche Fähigkeiten bewunderst du es?

Mediencode 20022-10

7 Nennt Beispiele: Woran zweifelt ihr? 3

8 Diskutiert: Was sind die Vor- und Nachteile, nicht mehr alles zu glauben? 1

Leben im Wir

!

Einzelgänger

Schar

Volk

Rudel

Herde

Familie

Paar

1 Beschreibe und vergleiche: Wie leben die Tiere zusammen?

2 Male ein anderes Tier in seiner Gemeinschaft.

3 Sammelt Gründe: Warum leben die meisten Tiere zusammen und nicht allein wie der Eisbär? 2

Ein Familiennetz

4 Finde heraus: Wer sind leibliche Geschwister, und wer sind ihre leiblichen Eltern?

5 Male ein Netz mit den Personen, die in deinem Leben wichtig sind.

6 Erkläre an deinem Bild: Wer ist meistens für wen da?

7 Male eine Gemeinsamkeit der Mitglieder deiner Familie: Woran erkennt man, dass ihr zu einer Familie gehört?

Verschiedene Familien

A

B

C

D

E

F

Patchwork | ohne Zuhause | Einzelkind | Wohngruppe | Regenbogen-Familie | adoptiert | zwei Papas | alleinerziehend | Großfamilie | Pflegefamilie | zwei Mamas

1 Ordne zu: Welche Bezeichnungen können zu den Bildern passen?

2 Begründet: Warum gibt es so viele Unterschiede im Zusammenleben von Familien?

3 Das Familienleben sieht nicht immer so aus, wie man es gerne zeigen würde.
Stelle dar: Wie kann das Familienleben aussehen, wenn die Kamera aus ist? 5

Rückzugsort

füreinander da sein

Vertrauen

Hilfe

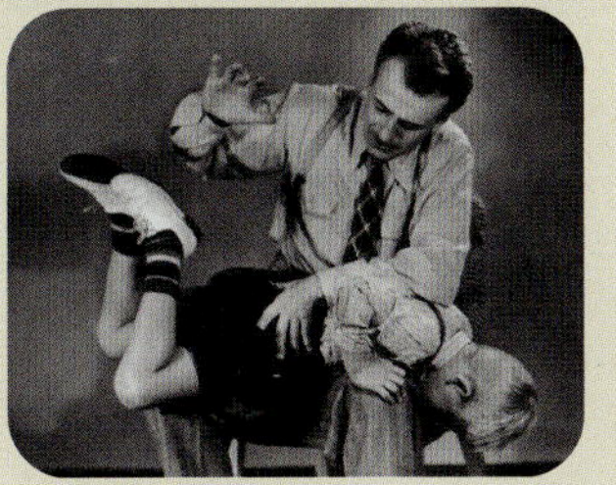

Schutz

Trost

! Hierarchie

Streit

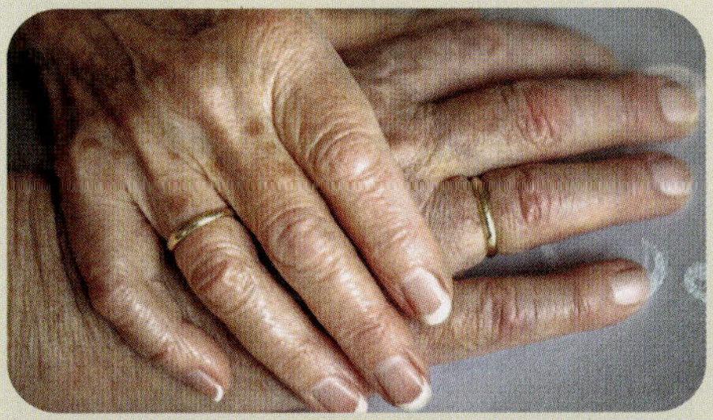

Entscheidungen

4 Erkläre: Warum leben Menschen in Familien?

5 Stellt in einem Begriffs-Strauch dar: Was macht für euch „Familie" aus? 7

6 Sammelt: Welchen Herausforderungen müssen sich Erwachsene und Kinder in Familien stellen?

Verschiedene Freundschaften

Mediencode
20022-11

Wann Freunde auch noch wichtig sind

Freunde sind wichtig
zum Rudern und Reiten,

Freunde sind wichtig
zum Freunde-Begleiten,

Freunde sind wichtig
zum Aufgabenmachen,

Freunde sind wichtig
zum Weinen und Lachen,

Freunde sind wichtig
zum Träumen und Reden,

Freunde sind einfach
wichtig für jeden!

Georg Bydlinski

1 Sammelt: Welcher Vers des Gedichts drückt für dich „Freundschaft“ am besten aus?

2 Gestaltet eigene Verse, und führt sie zu einem neuen Gedicht zusammen.

3 Stellt in einem Begriffs-Strauch dar: Was gehört für euch alles zum Begriff „Freundschaft“? 7

Mediencode 20022-12

Der griechische Philosoph **Aristoteles** hat auch viel über Freundschaft nachgedacht. Er unterscheidet drei Arten der Freundschaft:

1. Die Freundschaft, die einen bestimmten **Nutzen** hat. Freundinnen und Freunde haben Vorteile, weil sie sich zum Beispiel in der Schule gegenseitig helfen, auch wenn sie sonst nicht miteinander spielen.
2. Die Freundschaft, die aus **Spaß** entsteht. Hier geht es vor allem um die Freude, die man beim gemeinsamen Spielen und Zusammensein erlebt.
3. Die **echte** Freundschaft, in der sich Freunde oder Freundinnen ähnlich sind. Sie können ehrlich und fair miteinander streiten und wünschen dem oder der anderen nur das Beste.

Aristoteles (384–322 v. Chr.)

4 Sammle Beispiele: Wie kannst du deine Freundschaften nach Aristoteles' Vorstellungen einteilen?

5 Diskutiert: Kann eine Freundschaft zugleich nützlich sein, Spaß machen und echt sein? 1

Wut (zer)stört

Mediencode 20022-13

Der Mönch und der Samurai

In Japan lebte vor vielen Jahren ein Samurai. Er war ein stolzer und kämpferischer Krieger. Eines Tages besuchte er einen buddhistischen Mönch. Er wollte nämlich von ihm wissen, worin der Unterschied zwischen Himmel und Hölle besteht.
Der Mönch blickte den Samurai mit Verachtung an: „Du bist nichts als ein dummer Lümmel! Mit solchen Leuten verschwende ich keine Zeit."
Der Samurai fühlte sich in seiner Ehre gekränkt, kochte vor Wut, zog sein Schwert und schrie den Mönch an: „Für diese Frechheit musst du sterben!" Ruhig und gelassen antwortete der Mönch: „Das ist die Hölle!"
Der Samurai zögerte, wurde ruhig und steckte sein Schwert zurück. Voll von Dankbarkeit im Herzen verbeugte er sich tief vor dem Mönch. Der Mönch sagte: „Und das ist der Himmel!"

nach einer japanischen Legende

1 Spielt die Szene zweimal nach. Wechselt dabei die Rollen. 5

2 Der Mönch und der Samurai erteilen uns in dieser Szene eine Lehre zum Umgang mit der Wut. Erklärt: Wie lautet diese Lehre?

Mediencode
20022-14

Ich bin so gemein gewesen

Vor vierzehn Tagen bekam meine Freundin Carola eine Brille. Sie mochte sie nicht. Udo hat gleich hinter ihr hergerufen: „Brillenschlange!“ Dieser eklige Kerl!
Carola hat geheult, und seitdem war sie in der Schule ganz anders. Sie redete kaum noch.
Am Dienstag wollten wir bei mir zu Hause „Die Prinzessin und der Schweinehirt“ spielen. Ich hatte ein sehr schickes altes Nachthemd von meiner Mutter bekommen.
„Das ziehe ich als Prinzessin an“, sagte ich. „Nein, ich“, sagte Carola. „Du warst schon so oft Prinzessin.“
„Nicht öfter als du“, sagte ich. Plötzlich wurde Carola wütend. „Du willst immer Recht haben“, schrie sie mich an. Da schrie ich zurück: „Das Nachthemd gehört mir!“, und weil ich das so ungerecht fand und Carola eins auswischen wollte: „Hau doch ab, du Brillenschlange.“
Sie war ganz still, nahm ihre Sachen und ging.

nach Irina Korschunow

3 Erzählt: Wie ist bei Carola und wie bei Anne die Wut entstanden?

4 Prüft: An welcher Stelle hätten Carola und Anne die Lehre des Mönchs beachten sollen?

5 Spielt die Geschichte nach und weiter: Wie könnten Anne und Carola wieder Freundinnen werden? 6

Jetzt weiß ich mehr über ...

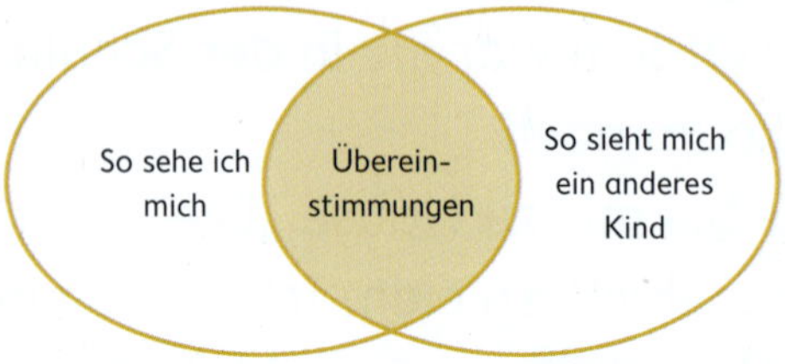

mich

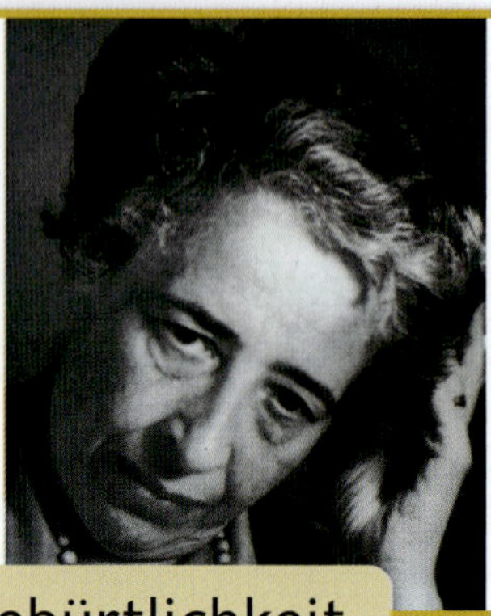

Gebürtlichkeit

Lebenswege

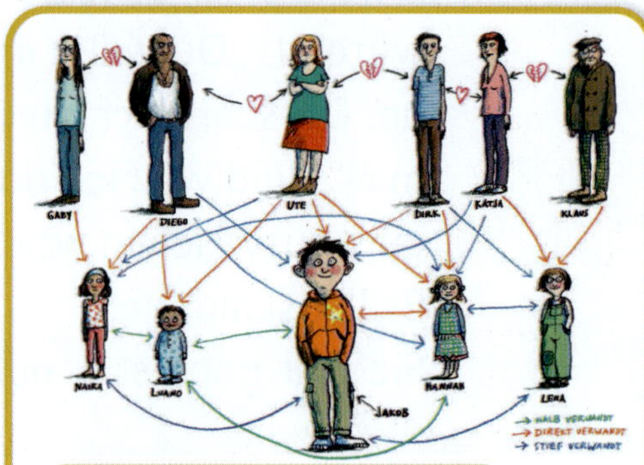

Zusammenleben

Freundschaft

Wut

1 Reflektiere: Wie beantwortest du die Fragen zu diesem Kapitel?

Sich mit der Zukunft auseinandersetzen

1 Beschreibe die beiden Bilder: Was siehst du?

2 Vergleiche:
Worin unterscheiden sich die beiden Bilder?
Was haben sie gemeinsam?

3 ! Untersucht: Welche Unterschiede und Gemeinsamkeiten gibt es zwischen der analogen und der digitalen Welt?

4 Spiele in Gedanken: Denke dir eine digitale oder analoge Welt aus, in der du leben möchtest. Beschreibe: Wie sollte sie sein? 4

5 Male: Wie sieht die Landschaft in deiner Welt aus?

Natürlich erstaunlich – erstaunlich natürlich

1 Erkläre: Was ist erstaunlich an diesen Tieren?

2 Sammelt:
Welche weiteren erstaunlichen Tiere kennt ihr?

3 Spiele in Gedanken, du könntest ein Tier sein:
Welches Tier würdest du sein wollen? 4

4 Erzähle eine Geschichte:
Was würde sich in deinem Alltag ändern?

René Descartes
(1596–1650)

Der Mensch
hat ein Bewusstsein
seiner selbst.
Das heißt, der Mensch
reflektiert und weiß daher, dass
er denken und fühlen kann.
Tiere wissen das nicht.
Sie sind Maschinen ohne
Bewusstsein von
sich selbst.

Mediencode
20022-15

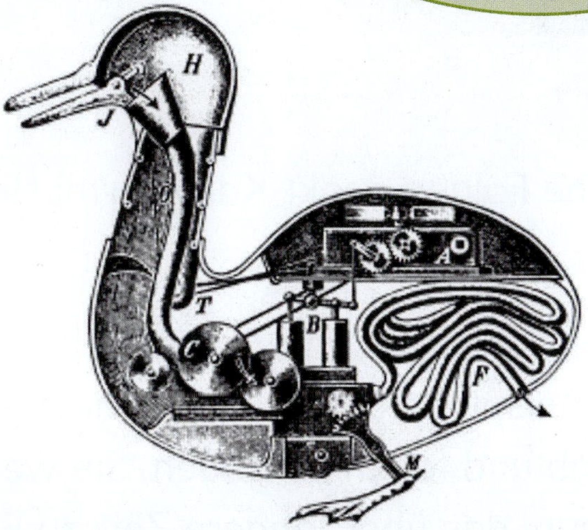

5 Prüft:
Funktionieren Enten so wie auf der Abbildung?

6 Diskutiert:
Lässt sich das Besondere und Erstaunliche
von Tieren durch die Funktionsweise
von Maschinen erklären? 2

7 Reflektiert: Was unterscheidet euch von Tieren?

Abfall oder Wertstoff

Mediencode
20022-16

1 Erkläre:
An welche Folgen denkt Karo vermutlich?

Mediencode
20022-17

Die Natur selbst entwickelt viele Wertstoffe.
Zum Beispiel sterben Blätter nach einiger Zeit ab und fallen zu Boden. Sie werden dann zu Laub, das über längere Zeit zu Erde wird.
Diese frische Erde dient als Dünger, den die Bäume wieder aufnehmen.
Und auch Tiere hinterlassen Wertstoffe: zum Beispiel Kot.

2 Erklärt: Welcher Unterschied besteht zwischen den abgestorbenen Blättern und dem Kaugummi?

3 Male: Wie sieht ein Wertstoff-Kreislauf in der Natur aus?

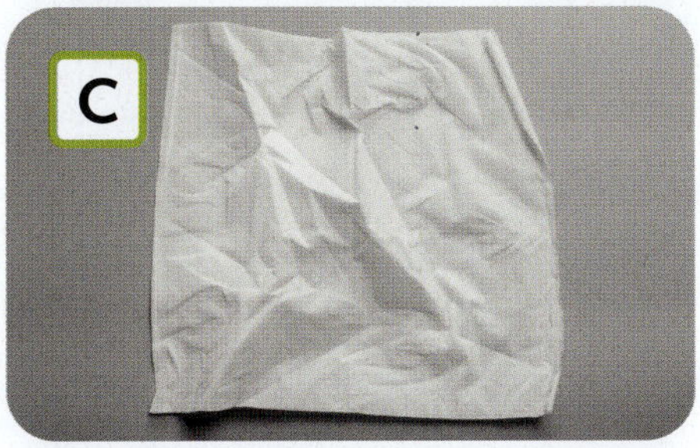

4 Bilde eine Reihenfolge: Was bleibt am längsten in der Natur? Was weniger lang? Was nur ganz kurz?

5 Erkläre: Woher stammen die Dinge?

6 Sammelt: Bei welchen Dingen sorgt die Natur für einen Kreislauf? Bei welchen sollten Menschen für einen Kreislauf sorgen?

7 Erklärt: Wie könnte dieser Kreislauf aussehen?

Mediencode
20022-18

Natur und Technik

1 Sortiert die Gegenstände in Gruppen:
Was gehört zusammen? 2

2 Erklärt: Warum habt ihr die Dinge so sortiert?
Findet gemeinsam Überschriften für
die einzelnen Gruppen.

3 Stelle dir vor, du müsstest einen Tag lang ganz ohne
Technik auskommen.
Beschreibe: Wie sähe dein Tagesablauf aus? 4

4 Erkläre:
Welche Technik nutzen die abgebildeten Tiere?

Fliege → Handykamera

Flosse

Pusteblume

Klettverschluss

Flugzeug

Fallschirm

große Klette

Schwimmflosse

Regenjacke

Lotos

Vogel

5 Ordne zu: Was haben sich die Menschen von der Natur abgeschaut?

6 Sucht euch ein Beispiel aus und erklärt auf einem Plakat: Wie machen sich Menschen die Besonderheit eines Tieres zunutze?

Verantwortlich handeln

Mediencode 20022-20

1 Erkläre: Warum schlägt Faula nach der Fliege? Welche Alternativen gibt es?

2 Prüft: Worin unterscheiden sich die Gedanken und die Gefühle bei den Menschen, wenn sie eine Fliege, ein Schwein oder einen Elefanten töten?

3 Diskutiert: Ist es in Ordnung, Tiere zu töten, um ihr Fleisch zu essen? 1

Mediencode 20022-21

Experiment: Leben im Rechteck

Markiere ein Rechteck auf dem Boden. Zwei gegenüberliegende Seiten sind 75 cm lang, die anderen beiden 100 cm. Stell dich in das Rechteck. Leg dich hin. Versuch, einen Hampelmann zu machen oder zu laufen.

4 Stelle dir vor, du würdest in diesem Rechteck leben. Beschreibe: Wie würde dein Leben aussehen? 4

Mediencode 20022-22

So viel Platz wie im Experiment hat ein 50–110 kg schweres Schwein in der Massentierhaltung zum Leben.
Massentierhaltung bedeutet, dass sehr viele Tiere einer Art auf engem Raum zusammenleben. Vor allem Tiere, deren Fleisch wir essen, werden so gehalten.

5 Sammelt: Welche anderen Möglichkeiten gibt es?

Mediencode 20022-23

Es gibt Menschen, die kein einziges Lebewesen töten oder verletzen wollen. Zu diesen gehören die Jainas. Jainas sind Mitglieder einer sehr alten Religion aus Indien. Sie leben nach drei Regeln:

1. Keinem Lebewesen Gewalt antun.
2. Nichts Unnötiges besitzen.
3. Immer die Wahrheit sagen.

6 Erkläre: Warum tragen Jainas einen Mundschutz und fegen den Boden, bevor sie dort entlang laufen?

7 Stelle dir vor, du wärst ein Jaina. Beschreibe: Worauf müsstest du verzichten? Wie würde dein Tag aussehen? 4

Mit digitaler Technik leben

Mediencode
20022-24

1 Erklärt an Beispielen:
Was passiert auf Faulas Smartphone?

2 Reflektiert: Welche Gefühle können entstehen, wenn zufällige Videos erscheinen?

Wer entscheidet, was du siehst?

Mediencode 20022-25

Die Videos, die du in der Vergangenheit angeguckt hast, sind entscheidend dafür, was du in Zukunft angezeigt bekommst.
Zum Beispiel: Wenn du in der Vergangenheit ein Tiervideo geschaut hast, bekommst du in der Zukunft weitere Tiervideos angezeigt.
Das funktioniert so: Unternehmen sammeln und speichern Daten von dir und über deine Interessen. Sie merken sich, was du im Internet suchst, welche Seiten du anguckst. Diese Daten nutzen sie, um Geld zu verdienen. Sie wollen, dass du möglichst lange auf ihrer Seite bleibst.
Außerdem zeigen sie dir passende Werbung mit Dingen, die dir wahrscheinlich gefallen werden.
Sie bekommen Geld, wenn du darauf klickst.

3 Erkläre: Wer entscheidet, was du siehst?
Mit welcher Absicht werden die Inhalte gezeigt?

4 Diskutiert: Was spricht für das Sammeln privater Daten, was dagegen? 1

5 Sammelt: Was könnt ihr tun, um eure Daten zu schützen?

6 Gib einen Tipp: Wie entkommt Faula der Bilderflut?

Rätselhafte Zeit

Mediencode 20022-26

Was also ist die Zeit? Wenn niemand mich danach fragt, weiß ich es; wenn ich es jemandem auf seine Frage hin erklären soll, so weiß ich es nicht.

Aurelius Augustinus (354–430)

1 Hilf Augustinus: Wie kannst du Zeit darstellen?

Wir leben und denken Zeit auf unterschiedliche Art und Weise: Einmal in Kreisläufen und einmal in eine Richtung geradeaus.

1. In Kreisläufen

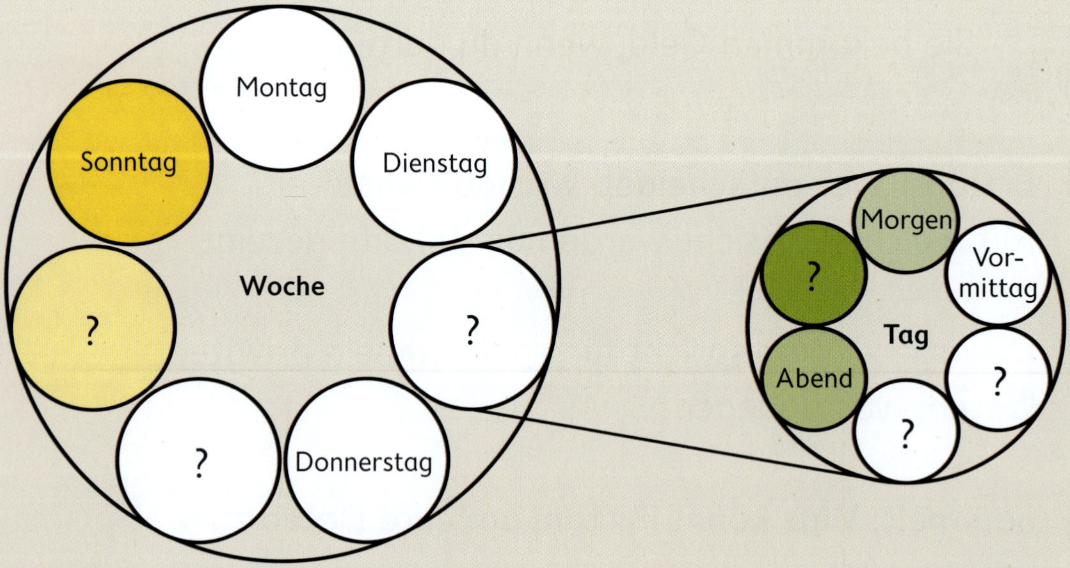

2 Schreibt oder malt:
Kennt ihr noch weitere Kreisläufe der Zeit?

2. In eine Richtung geradeaus

Diese Weise des Zeitverlaufs zeigen Spielkarten in Bewegung:

Mediencode 20022-27

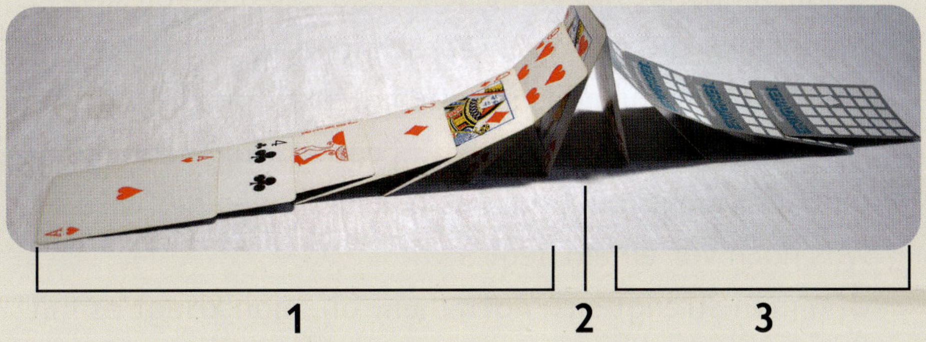

3 Ordnet die drei Zeiten **Gegenwart**, **Vergangenheit** und **Zukunft** den Abschnitten 1 bis 3 zu.

4 Überprüft: Ist die Bewegung der Spielkarten ein gutes Bild für die drei Zeiten? 2

Mediencode 20022-28

5 Hört euch die beiden Lieder an. Erklärt: Welche Vorstellung von Zeit (in Kreisläufen oder in eine Richtung geradeaus) wird jeweils deutlich?

6 Diskutiert: Gehört der Geburtstag in den Kreislauf oder in den geraden Verlauf? 1

Zeit nehmen und Zeit geben

Mediencode 20022-29

Der alte Straßenkehrer Beppo verrät seiner Freundin Momo sein Geheimnis:
„Manchmal hat man eine sehr lange Straße vor sich. Man denkt, die ist so schrecklich lang; das kann man niemals schaffen, denkt man. Und dann fängt man an, sich zu eilen. [...] Jedes Mal, wenn man aufblickt, sieht man, dass es gar nicht weniger wird, was noch vor einem liegt.
Und man strengt sich noch mehr an, man kriegt es mit der Angst zu tun und zum Schluss ist man ganz außer Puste und kann nicht mehr. Und die Straße liegt immer noch vor einem.
So darf man es nicht machen.
Man darf nie an die ganze Straße auf einmal denken, verstehst du?
Man muss immer nur an den nächsten Schritt denken, an den nächsten Atemzug, an den nächsten Besenstrich. Dann macht es Freude; das ist wichtig, dann macht man seine Sache gut. Auf einmal merkt man, dass man Schritt für Schritt die ganze Straße gemacht hat. Man hat gar nicht gemerkt wie, und man ist nicht außer Puste."

Michael Ende

1 Erkläre: Wie gelingt es Beppo, seine Aufgabe gut zu erfüllen?

2 Nennt Beispiele: In welchen Situationen handelt ihr ähnlich wie Beppo oder wollt es künftig tun?

Mediencode 20022-30

Man möchte die Zeit festhalten, aber wir müssen sie ausgeben.

Christa Wolf (1929–2011)

3 Erklärt: Warum können wir die Zeit nicht festhalten?

4 Erkläre an Beispielen: Was heißt es, Zeit auszugeben?

Mediencode 20022-31

5 Erzählt: In welchen Situationen erlebt ihr die Zeit wie Faula oder wie Karo?

6 Diskutiert: Wie kommt es, dass eine Stunde sich so unterschiedlich lange anfühlt? 2

Jetzt weiß ich mehr über …

Erstaunliches der Natur

Müll und Wertstoffe

Technik aus der Natur

Tierhaltung im Zoo

die Bilderflut

Zeitverläufe

1 Reflektiere: Wie beantwortest du die Fragen zu diesem Kapitel?

Gesellschaftliche Werte untersuchen

1 Beschreibe: Was siehst du auf den Bildern?

2 Erzähle: Worüber könnten die Kinder auf dem linken Foto gerade sprechen?

3 Sammelt: Welche Vor- und Nachteile hat es, wenn alle zusammen im Kreis etwas besprechen? 1

4 Erkläre: Was könnte der Knoten in der Pistole bedeuten?

5 Sammelt Beispiele: Was kann eine Pistole mit Knoten nicht mehr? 3

6 Diskutiert: Was haben die beiden Bilder gemeinsam?

Anders oder besonders sein

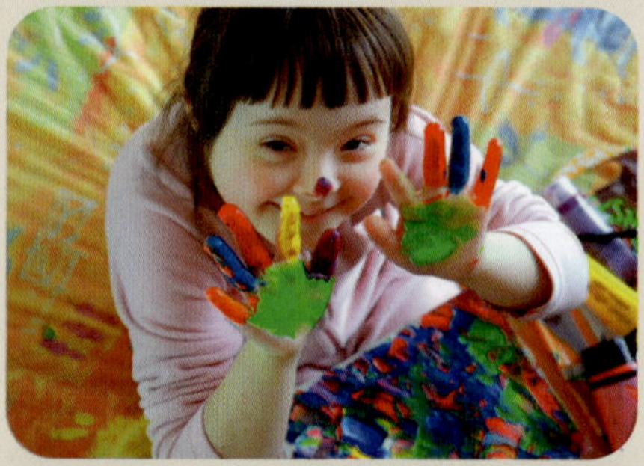

1 Beschreibe: Können diese Kinder alles tun, was du auch kannst?

2 Erkläre: Was könnte für diese Kinder **anders** oder **besonders** bedeuten?

3 Erzähle: In welchen Situationen warst du schon einmal anders?
Wann hast du dich besonders gefühlt? 3

Mediencode 20022-32

4 Erzähle: Welche Superkräfte hast du? Wie kannst du sie einsetzen, um anderen zu helfen? 3

5 Erklärt an Beispielen: Was könnt ihr Faula antworten? Wo fängt Hilfe an?

6 Diskutiert: Aus welchen Gründen hilfst du? 2
- Um anderen oder dir selbst eine Freude zu machen?
- Um Freunde oder Freundinnen zu gewinnen?
- Um eine Belohnung zu erhalten?
- ?

Wir alle zusammen auf der Welt

Mediencode
20022-33

Wo Menschen zusammen sind, entsteht eine Gemeinschaft: ein WIR.

Das kann eine Klasse sein, eine Schule, eine Mannschaft oder ein Verein.
Ein WIR arbeitet, spielt und singt zusammen.
Aber um das WIR zusammenzuhalten, braucht es Superkräfte.

1 Nenne Beispiele: Wo kannst du überall ein WIR erkennen? → 3

2 Erklärt: Welche Kräfte braucht es, um ein WIR zu bilden oder zusammenzuhalten?

Mediencode
20022-34

Wo Menschen zusammen sind, treffen auch unterschiedliche Meinungen und Gefühle aufeinander. So entstehen Konflikte und Streit. Dabei wird das WIR ganz klein oder verschwindet sogar ganz.

3 Beschreibt: Welche Situationen kennt ihr, in denen euer WIR geschrumpft ist? Wie kann es wieder wachsen?

Mediencode
20022-35

Paul hatte sich daran gewöhnt, Opfer zu sein.
Am Schultor empfingen ihn die fünf Großen.
„Der Lappen lässt sich wieder von Papa mit dem Auto zur Schule fahren!“ Statt wegzurennen, blieb Paul stehen. Inzwischen war er überzeugt davon, ein Lappen zu sein. Tränen hielt er zurück. Er musste beeindrucken, nur womit? „Die volle Packung bekommst du heute in der Pause“, drohte Max. Sophie sah ihn nur mitleidsvoll an. In der Klasse bekam Paul einen Gehfehler. Alle lachten. In der Pause warteten die Großen auf ihn. Ein paar aus seiner Klasse hielten ihre Smartphones bereit. Sie hofften auf Videomaterial für die Chatgruppe.

4 Suche dir eine der Figuren aus. Schreibe:
Wie verläuft diese Geschichte aus der Perspektive dieser Figur?

Helferinnen und Helfer | Opfer

Täterinnen und Täter | Mitläuferinnen und Mitläufer | Zuschauerinnen und Zuschauer

5 Beschreibe: Welche Verantwortung haben die jeweiligen Personen beim Mobbing?

6 Nennt Merkmale: Was unterscheidet diese Mobbingsituation von einem normalen Streit?

Mediencode
20022-36

Lisa, Marie und das Baumhaus

Lisa und Marie waren beste Freundinnen. Maries Mutter hatte für die beiden ein Baumhaus gebaut. Marie und Lisa hatten dabei fleißig mitgeholfen. Als das Baumhaus fertig war, schmückten sie es mit Fotos und Bildern ihrer Lieblingsstars. Auf den Boden legten sie einen Teppich und in der Ecke hatten sie eine Truhe aufgestellt. Darin bewahrten sie Kekse und andere Süßigkeiten auf. Damit keiner außer ihnen das Baumhaus betreten konnte, hatte Maries Mutter den beiden ein Schloss mit zwei Schlüsseln gekauft. Jede von ihnen bekam einen Schlüssel. Dann fuhr Marie mit ihrer Mutter in den Urlaub und Lisa spielte mit ihrem Cousin Marco in dem Baumhaus. Zurück aus dem Urlaub erfuhr Marie, dass Lisa mit Marco in dem Baumhaus gespielt hatte. Lisa und Marco hatten Marie nicht gefragt. Sie hatten alle Kekse aufgegessen und den ganzen Boden vollgekrümelt. Das hatte Ameisen angelockt! Marie war wütend und enttäuscht. Sie wollte, dass Lisa ihren Schlüssel vom Baumhaus abgibt. Lisa verstand überhaupt nicht, warum Marie sauer war. Das Baumhaus gehörte doch ihnen beiden!

1 Spielt nach: Wie ist die Geschichte zwischen Marie und Lisa verlaufen? 5

2 Erkläre: Warum ärgert sich Marie?

3 Diskutiert: War es von Lisa in Ordnung, ohne Maries Wissen mit Marco im Baumhaus zu spielen? 1

4 Diskutiert: Was wäre nach dem Urlaub passiert, wenn Marie nichts von Marcos Besuch erfahren hätte? 2

5 Spielt weiter: Wie kann die Geschichte zwischen Lisa und Marie nun weitergehen? 6

6 Diskutiert: Wie kann das WIR der Freundinnen wieder wachsen?
Welches Vorgehen ist besonders hilfreich? 2

Konflikte lösen

Mediencode
20022-37

Ich bin froh, dass es Regeln gibt. Wer sich nicht daran hält und anderen einen Schaden zufügt, muss sich rechtfertigen und wird manchmal bestraft. Außerdem entscheiden Regeln, wer Recht hat, wenn Menschen ihren Konflikt nicht selber lösen können.

Bei den Erwachsenen gelten außerdem Gesetze. Wer gegen Gesetze verstößt, kann dafür angezeigt und von einem Gericht verurteilt werden. Verstöße gegen Gesetze können dann Strafen nach sich ziehen, zum Beispiel muss man Geld bezahlen oder kommt in ein Gefängnis. Aber: Würden sich alle an Gesetze halten, bräuchte man gar keine Gerichte und Gefängnisse.

1 Sammelt Beispiele:
Welche Konflikte kann man selbst lösen?
Bei welchen muss man vor Gericht ziehen? 3

2 Erkläre: Warum ist es manchmal besser, wenn eine unbeteiligte Person bei der Lösung eines Konflikts hilft?

3 ! Diskutiert: Hat Faula recht? Braucht man keine Gerichte, wenn Kinder lernen würden, Konflikte friedlich zu lösen und sich an Regeln zu halten? 1

verletzende Dinge sagen

Schwächen zugeben

schweigsam sein

sich entschuldigen

Recht haben wollen

mogeln

neidisch sein

Gefühle zeigen

zuhören

lachen

an sich selbst denken

petzen

! ehrlich sein

immer die Wahrheit sagen

4 Sammelt Beispiele: Was bedeuten die einzelnen Aussagen?

verhindert Konflikte	fördert Konflikte
?	?
?	?

5 Sortiert in einer Tabelle und nennt Beispiele:
Was verhindert Konflikte?
Was fördert Konflikte?

6 Erklärt: Welche Aussagen und Beispiele könnt ihr nicht eindeutig zuordnen?

Menschen haben Rechte

Mediencode 20022-38

1 Du bist Königin Faula. Sammelt: Was sollten alle Menschen bekommen? Welche Rechte würdest du für Menschen einführen? 4

Mediencode 20022-39

Menschenrechte
Wenn alle Menschen etwas tun dürfen oder bekommen sollen, einfach weil sie Menschen sind, dann sind das die **Rechte der Menschen**. Die Vereinten Nationen haben die Menschenrechte 1948 aufgeschrieben. Sie gelten für alle Menschen auf der ganzen Welt.

2 Sammelt: Welche Rechte kennt ihr? 3

3 Sammelt: Was dürfen eure Eltern, das ihr nicht dürft? 3

4 Diskutiert: Was wäre, wenn Kinder und Erwachsene die gleichen Rechte hätten? 4

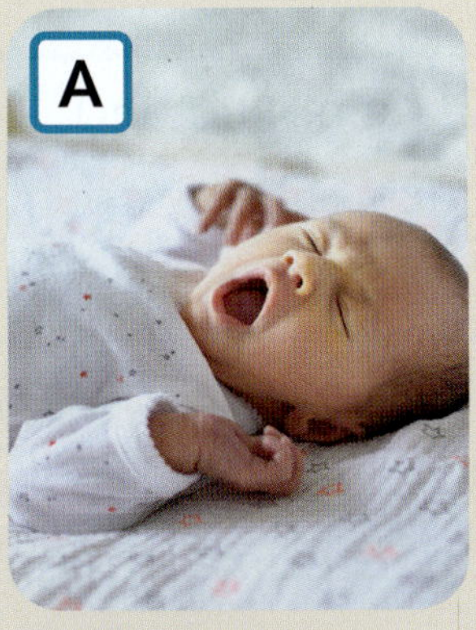

0 Jahre

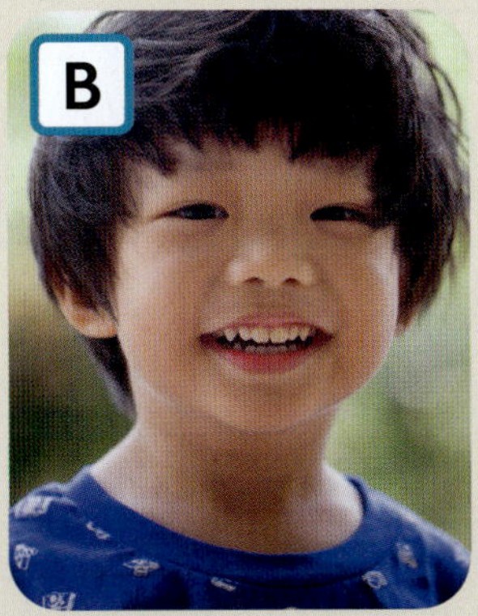

4 Jahre

7Jahre

14 Jahre

36 Jahre

87 Jahre

1. Recht auf einen Namen

2. Recht auf Essen und Kleidung

3. Recht, seine Religion frei zu wählen

4. Recht zu spielen

5. Recht auf ein Zuhause

6. Recht, seine Meinung zu sagen

! 7. Recht auf Fürsorge

8. Recht, zur Schule zu gehen

5 Ordne zu: Welche Rechte sind für wen besonders wichtig?

Besondere Kinderrechte

1. Alle Kinder haben die gleichen Rechte.

2. Kein Kind darf benachteiligt werden.

3. Jedes Kind hat das Recht, in allen Belangen, die es betrifft, seine Meinung zu sagen.

4. Jedes Kind hat das Recht auf die bestmögliche Gesundheit, medizinische Behandlung, sauberes Trinkwasser, gesundes Essen und zu lernen, wie man gesund lebt.

5. Jedes Kind hat das Recht auf eine gute Schulbildung und Ausbildung, die seinen Bedürfnissen und Fähigkeiten entspricht.

6. Jedes Kind hat das Recht auf Freizeit, zu spielen, sich zu erholen und sich künstlerisch zu betätigen.

7. Jedes Kind hat das Recht auf gewaltfreie Erziehung.

8. Jedes Kind hat das Recht auf Schutz vor Ausbeutung.

9. Jedes Kind hat das Recht auf Schutz vor Krieg. Auf der Flucht haben Kinder das Recht auf besonderen Schutz und Hilfe.

10. Kinder mit Behinderung haben das Recht auf besondere Förderung und Unterstützung, damit sie aktiv am sozialen Leben teilnehmen können.

1 Macht eine Hitliste der für euch wichtigsten Kinderrechte: Welche Rechte seht ihr an erster, zweiter und dritter Stelle?
Erläutert eure Reihenfolge mit Beispielen. 3

2 Prüfe: Welche Kinderrechte werden auf den Bildern verletzt?

3 Vergleicht: Welche Schäden werden verursacht?

4 Beurteilt: Welche Verletzungen von Kinderrechten sind besonders schlimm?

5 Erklärt: Was brauchen Kinder, wenn ihre Rechte verletzt werden?

6 Gestaltet ein Plakat: Wie könnt ihr Kinder und Erwachsene auf Kinderrechte aufmerksam machen?

Faire Regeln

Mediencode
20022-40

Montags darf die Klasse 3a in der großen Pause auf dem Fußballplatz spielen.
Weil es viel Streit gab, hat der Klassenrat mehrheitlich eine Regel beschlossen:
„Wer das Feld zuerst betritt, darf bestimmen, wer mitspielt."
Zwei Wochen später wird im Klassenrat die Beschwerde vorgelesen:

Ich finde die Regel unfair, weil immer die gleichen Kinder auf dem Fußballplatz spielen.

1 Begründet:
Warum könnte die neue Regel unfair sein?

2 Auch die Kinder von S. 50 gehen in die Klasse 3a.
Diskutiert: Wer könnte die Beschwerde geschrieben haben? 2

3 Sammelt: Welche Lösungen für das Problem sind denkbar?

Wie findet man denn eine faire Lösung?

Es gibt da einen Trick:
Wenn man eine neue Regel vorschlägt, muss man sich erstmal dumm stellen und so tun, als wüsste man nicht, wer man ist und welche Rolle man in der Klasse hat.

Mediencode 20022-41

Ah, das heißt, man weiß nicht, ob man zu den Starken oder Schwachen gehört, ob man beliebt ist, ob man langsamer ist, ob man übersehen wird, welche Interessen man hat...

Richtig. Und dann formulierst du eine Regel, mit der du auf jeden Fall, in jeder Rolle zufrieden sein kannst!

4 Ergänzt: Welche Eigenschaften könnte Faula noch aufzählen?

faire Lösung	unfaire Lösung
?	?

5 Prüft mit Karos Trick und ordnet zu: Welche Lösungen erscheinen euch nun fair, welche unfair?

6 Reflektiert: In welchen Situationen könnte Karos Trick helfen, faire Regeln zu finden?

Jetzt weiß ich mehr über ...

Besonderheiten

das Wir

Lösungen für Konflikte

Menschenrechte

Kinderrechte

faire Regeln

1 Reflektiere: Wie beantwortest du die Fragen zu diesem Kapitel?

Die Wirklichkeit mitgestalten

1 Beschreibt: Was machen die Menschen auf den Bildern?

2 Erklärt: Welche Ziele haben die Menschen?

3 Beschreibe: Woran erkennst du im Gesellschaftsbaum (rechtes Bild) die Bauern, Handwerker, Fürsten, Geistlichen und Könige?

Mediencode
20022-42

4 Prüfe und beurteile: Ist der Platz in der Spitze des Baumes eine gute Idee für die Bauern?

Mögliche Lebenswege

Die Kinder auf diesem Klassenfoto hatten sehr unterschiedliche Voraussetzungen bei ihrer Einschulung.

- 2 konnten noch nicht Deutsch sprechen.
- 6 haben ältere Geschwister.
- 5 wohnen in einer sehr kleinen Wohnung und haben kein eigenes Zimmer.
- 5 lernen ein Musikinstrument.
- 8 waren damals schon in einem Sportverein.
- 5 leben mit einem Elternteil.
- 5 leben in einem Einfamilienhaus.
- 4 verstehen und sprechen zwei Sprachen.
- 7 haben Eltern oder Großeltern, die studiert haben.

1 Begründe: Was aus der Liste erleichtert es Kindern, einen guten Schulabschluss zu machen?

2 Erkläre: Was könnte den Schulerfolg behindern?

Mediencode 20022-43

Zuhause kann überall sein

Das kleine Mädchen Wildfang musste seine Heimat verlassen und vor dem Krieg in ein fremdes Land fliehen. Alles dort scheint kalt, abweisend und vor allem fremd: die Menschen, die Sprache, das Essen und sogar der Wind.

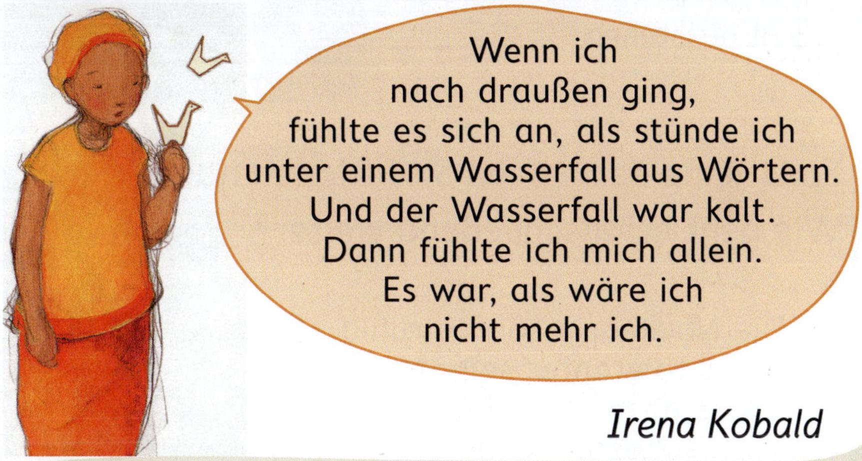

Irena Kobald

3 Sammelt: Was könnte für Wildfang im neuen Land noch fremd sein? 3

4 Stellt dar: Wie strömt der „Wasserfall“ im neuen Land auf Wildfang ein? 5

5 Spielt: Wildfang ist eine neue Schülerin in eurer Klasse. Wie könnt ihr dazu beitragen, dass sie sich willkommen und zuhause fühlt? 6

6 Diskutiert: Passt die Überschrift „Zuhause kann überall sein“? 2

Leben lassen – Toleranz

Die Nachbarn mögen es nicht, wenn Malte Schlagzeug übt.

Amelie kann das Parfüm ihrer großen Schwester nicht ausstehen.

1 Spielt eine der beiden Situationen nach: Wie geht es anschließend weiter? 6

Mediencode 20022-44

Die Nachbarin könnte ruhig etwas toleranter sein, Malte muss doch üben, damit er besser wird.

Du meinst, sie soll den Lärm einfach hinnehmen? Toleranz kommt nämlich von dem lateinischen Wort „tolerare“ und das bedeutet erdulden oder ertragen.

Genau, zumindest zu bestimmten Zeiten sollte sie das Schlagzeugspielen respektieren.

2 Erkläre: Was ist mit Toleranz gemeint?

3 Erzählt: Was würden Karo und Faula über Amelie und ihre Schwester sagen?

A „So kann ich das annehmen."

B „Noch einmal, dann ...!"

C „Na gut, wenn's denn sein muss."

D „Das kommt mir sehr entgegen."

E „Nein, das will ich nicht!"

F „Das respektiere ich."

G „So kann ich es gerade noch aushalten."

4 Ordne und erkläre an Beispielen: Welche Einstellungen und Aussagen passen zusammen?

5 Schreibt ein Beispiel von Aufgabe 1 weiter. Wie kann es am Ende heißen: „So kann ich das tolerieren."?

6 Diskutiert:
Ist Toleranz etwas Gutes oder Schlechtes, oder gibt es gute und schlechte Seiten? 2

Freiheit von ...

1 Beschreibe: Was tut der kleine Elefant, und wie geht es ihm?

2 Erkläre: Warum wird der kleine Elefant mit einer so dicken Kette an den Felsen gekettet?

3 Erzähle: Wann und wo hast du dich schon wie „angebunden" gefühlt?

4 Vergleicht und begründet: Warum ist der große Elefant nur mit einem dünnen Strick an den Holzpflock angebunden?

Mediencode 20022-45

Wie der Elefant die Freiheit fand

Als ich sechs oder sieben war, glaubte ich noch, dass die Erwachsenen auf alles eine Antwort wissen.
Also befragte ich meine Lehrer, meinen Onkel und meine Mutter nach dem Geheimnis des Elefanten.
Sie erklärten mir, dass der Elefant sich nicht aus dem Staub machte, weil er gezähmt war.
Logischerweise fragte ich weiter: „Und wenn er gezähmt ist und gar nicht wegläuft, warum muss er dann angekettet bleiben?“
Auf diese zweite Frage wusste niemand eine Antwort.

Jorge Bucay

5 Erkläre: Wie würdest du die zweite Frage von Jorge Bucay beantworten?

6 Erkläre: Warum bleibt der Hund auf dem zweiten Bild bei dem Mädchen?

Gedankenfreiheit

Mediencode
20022-46

In der Zeit des Nationalsozialismus in Deutschland (1933–1945) gab es nach und nach immer mehr Gesetze, die Menschen ausgrenzten und ihnen ganz normale Bürgerrechte entzogen. Zum Beispiel durften einige Menschen nicht mehr auf einer Parkbank sitzen, ihren Beruf ausüben oder in eine allgemeine Schule gehen.

1 Erklärt: Warum sind die Verbote ungerecht?

Mediencode 20022-47

Es gab aber auch Menschen wie in der Familie Scholl. Sie begriffen, dass die Vorschriften menschenverachtend und falsch sind. Es war gefährlich, diese Meinung auszusprechen, weil man dafür ins Gefängnis kommen konnte. Denn es gab auch ein Gesetz, das Kritik am Staat und an der Regierung verbot. So wurde der Vater Robert Scholl im Jahr 1942 verhaftet, weil er seine Kritik an Adolf Hitler und dessen Gesetzen öffentlich sagte.

2 Beurteilt: Hätte Robert Scholl seine Meinung lieber nicht sagen sollen? 1

Mediencode 20022-48

Roberts Tochter Sophie soll unter seinem Gefängnisfenster auf der Blockflöte dieses Lied gespielt haben:

Die Gedanken sind frei, wer kann sie erraten?
Sie fliegen vorbei wie nächtliche Schatten.
Kein Mensch kann sie wissen, kein Jäger erschießen:
Es bleibet dabei: Die Gedanken sind frei!

3 Begründe: Warum hat Sophie Scholl gerade diese Melodie gespielt?

Sich für etwas einsetzen

„Schulstreik für das Klima“: Greta ging freitags nicht mehr zur Schule und demonstrierte für eine bessere Klimapolitik.

Greta Thunberg (*2003)

1 Beschreibe: Was siehst du auf dem Foto?

Mediencode 20022-49

2 Erklärt: Was bedeutet „fridays for future“?

3 Erklärt: Was ist eine Demonstration? Was ist ein Schulstreik?

Mediencode 20022-50

4 Erzähle: Wofür würdest du demonstrieren?

Mediencode 20022-51

!

In vielen Schulen gibt es eine Zeitung, die von Kindern für Kinder gemacht wird: eine Schülerzeitung. Dort können sie über alles berichten, was ihnen wichtig erscheint.
In einer Redaktionssitzung entscheiden sie, was veröffentlicht werden soll.
Sie können Interviews mit Expertinnen und Experten führen und das Gespräch abdrucken.
Sie können sich zuverlässige Informationen beschaffen und einen Artikel zu dem Thema schreiben. Sie können Fotos machen.
Und sie können ihre Meinung zu einem Thema schreiben.

5 Sammelt: Über welche Themen möchtet ihr berichten?

6 Gestalte eine Seite einer Schülerzeitung:
Welches Thema ist dir wichtig?
Wie kann dein Thema gut dargestellt werden?

Fake oder Fakt

Mediencode 20022-52

Das Foto links ist ein echtes Foto eines Sonnenuntergangs am Meer. Aber wenn wir mit

Augen und Kopf die Sonne am Horizont sehen, *erscheint* sie uns größer. Doch *ist* sie auch größer? Das Phänomen heißt Mondtäuschung, denn auch der Mond erscheint uns am Horizont größer als hoch am Himmel.

Bei dem Foto rechts wurde das Foto nachträglich mit einem Computer bearbeitet. Die Sonnenscheibe wurde vergrößert. So zeigt es, wie wir Menschen die Sonne wahrnehmen. Wer das Foto bearbeitet hat, will uns also helfen, uns selbst besser zu verstehen.

Es ist noch nicht genau geklärt, wie unsere Gedanken das Sehen von Sonne und Mond verfälschen.

1 Diskutiert: Welches der beiden Fotos gibt die Wirklichkeit wieder? 2

2 Nennt Beispiele: Mit welchen Absichten werden Fotos bearbeitet?

! Dieses Bild wurde von einem Computer durch künstliche Intelligenz (KI) erzeugt.

3 ! Betrachtet das Bild genau und schreibt einen Befehl für dieses Fake-Foto:
„Erzeuge ein Foto, auf dem man Folgendes sieht: ..."

4 Prüft und diskutiert die zwei Fotos:
- Ist es echt?
- Ist es vom Computer nachträglich bearbeitet?
- Ist es durch KI erzeugt?

5 Male ein kleines Warnschild für Fotos: Was muss ich immer bedenken, wenn ich ein Foto sehe?

Influencer – Beeinflusser

Ich soll etwas mit meinem Finger tun!

1 Erzählt: Woher kennt ihr solche Buttons?
Wann und warum habt ihr sie benutzt? 3

2 Beschreibe:
Was fühlst du, wenn du solche Buttons siehst?
Wollen deine Finger etwas tun?

Computerprogramme können deine Likes, Dislikes und Share-Befehle sammeln und errechnen daraus, was du magst und was nicht.
Sie kennen dann deine Persönlichkeit.
Beachte: Kurzer Klick, lange Wirkung.

Mediencode 20022-53

3 Diskutiert: Welche Gefahren kann es geben, wenn man Buttons unüberlegt anklickt? 2

4 Erfindet eine möglichst realistische Geschichte
Warum lässt sich das Kind hier filmen? Wer sieht das Video später?

5 Prüfe: Wenn du das Video sehen würdest:
Möchtest du etwas tun? Möchtest du etwas kaufen?

6 Diskutiert: Treffen wir alle Entscheidungen frei und unabhängig? Oder lassen wir uns von etwas beeinflussen?

7 Faula und Karo haben auch ein Video gesehen.
Spielt: Was könnten sie gesehen haben? 6

Jetzt weiß ich mehr über …

Lebenswege

Toleranz

Freiheit

Meinungsäußerungen

Fakes und Fakten

Influencer

1 Reflektiere: Wie beantwortest du die Fragen zu diesem Kapitel?

Miteinander in Vielfalt leben

1 Beschreibe: Was siehst du auf den Bildern?

2 Erzähle: Welche unterschiedlichen Sichtweisen auf das Meer findest du in den Bildern?

3 Erkläre: Welche Gedanken könnten Menschen haben, die so oder so auf die Welt blicken?

4 Diskutiert: Welche Vorteile und Nachteile haben diese beiden Sichtweisen auf die Welt? 1

Alltag als Festtag

Mediencode 20022-54

Das Wunderbare gibt es überall und in allem. Es wartet darauf, von uns entdeckt zu werden. Es wartet darauf, von uns wertgeschätzt zu werden. Es wartet darauf, von uns geliebt zu werden. *Kobi Yamada*

1 Erklärt mit Beispielen: Braucht es ein Wunder, damit etwas wunderbar ist?

neugierig sein | genau beobachten | träumen | ?

2 Begründet: Warum sind diese Tätigkeiten wichtig, um das Wunderbare zu erkennen?
Sammelt:
Welche weiteren Tätigkeiten passen dazu?

3 Vergleiche: Wie beobachtet das Kind? Wie beobachtet Karo?

4 Mache aus einem Alltag deinen Festtag! Begib dich dazu auf die Suche nach etwas Wunderbarem – wie Karo oder wie das Kind. Male oder beschreibe anschließend: Was hast du beobachtet?

Mediencode 20022-55

5 Stelle dir vor, du wolltest für eine Zeit lang auf etwas verzichten. Erzähle: Was könntest du empfinden? 4

Mediencode 20022-56

Vor großen Festtagen **fasten** viele Menschen.
Die **Juden** fasten an Jom Kippur. An diesem Tag verzichten sie auf das Essen und Trinken.
Sie kennen noch fünf weitere Fastenzeiten.
Die **Christen** verzichten in der Passionszeit zwischen Aschermittwoch und Ostern auf bestimmte Speisen.
Die **Muslime** fasten im Fastenmonat Ramadan vom Aufgang bis zum Untergang der Sonne. Danach feiern sie gemeinsam mit guten Speisen das Fastenbrechen.
Auch Menschen, die **keiner Religion** angehören, fasten.

6 Erklärt: Welche Bedeutung hat Fasten für das anschließende Fest?

7 Sammelt: Welche anderen Formen des Verzichtens können wertvoll sein? Aus welchen Gründen?

Gebetshäuser kennenlernen

Außen

1 Beschreibt und vergleicht: Was seht ihr auf den Bildern? Welche Gemeinsamkeiten und Unterschiede könnt ihr erkennen?

2 Erzählt: Wart ihr schon einmal in einer Moschee oder in einer Kirche? Was ist euch aufgefallen? 3

3 Sammelt: Kennt ihr weitere Gebetshäuser?

4 Recherchiert: Wo sind in eurer Umgebung Gebetshäuser?
Nutzt einen Ortsplan oder das Internet für eure Suche.

Mediencode
20022-57

Innen

5 Ordnet zu und vergleicht: Welche Bilder gehören zu welchem Gebetshaus?
Welche Gemeinsamkeiten und Unterschiede gibt es im Inneren zwischen Moschee und Kirche?

6 Sammelt: Welche Dinge findet man nur in einer Moschee oder nur in einer Kirche?

7 Male: Wie sieht das Gebetshaus deiner Wünsche aus? 4

In Gebetshäusern

Verhalten

1 Beschreibt: Was seht ihr auf dem Bild?

2 Erklärt: Was bedeuten diese drei Verbote?

3 Versucht eine Zuordnung: Welches Verbot gehört zu welchem Gebetshaus?

4 Erzählt: Kennt ihr weitere Regeln für Gebetshäuser?

Religiöse Gegenstände

Mediencode 20022-58

A

B

C

D

E

F

5 Beschreibt: Was seht ihr auf den Bildern?

6 Prüft: Welche Gegenstände könnt ihr einer Religion zuordnen?

7 Erzählt: Welche weiteren religiösen Gegenstände kennt ihr?

Abschied nehmen

Mediencode
20022-59

Ente, Tod und Tulpe

Schon länger hatte die Ente so ein Gefühl.
„Wer bist du – und was schleichst du hinter mir her?“
„Schön, dass du mich endlich bemerkst“,
sagte der Tod. „Ich bin der Tod.“
Die Ente erschrak.
Das konnte man ihr
nicht übel nehmen.
„Und jetzt kommst du mich holen?“
„Ich bin schon in deiner Nähe,
solange du lebst – nur für den Fall.“
„Für den Fall?“, fragte die Ente.

Wolf Erlbruch

1 Spielt: Wie geht das Gespräch weiter? 6

Ich habe Angst vor dem Tod.

Über den Tod habe ich mir noch keine Gedanken gemacht.

Ich habe keine Angst vor dem Tod – aber vor dem Sterben.

Es gibt ein Leben nach dem Tod.

Das Leben ist wertvoll, weil es den Tod gibt.

Der Tod gehört zum Leben dazu.

2 Entscheide und begründe:
Welchen Aussagen stimmst du zu? Welchen nicht?

3 Prüft: Welche Aussagen passen zu der Ente?
Verändert euer Spiel, indem ihr eine passende Aussage einbaut.

4 Stelle drei Fragen zu diesem Bild an drei unterschiedliche Personen. Erzähle: Welche Antwort hat dich zum Nachdenken gebracht?

Mediencode 20022-60

Die **Christen** und **Muslime** glauben an ein ewiges Leben nach dem Tod.
Ursprünglich hatten die **Juden** diese Vorstellung nicht, haben sie aber später ähnlich entwickelt.
Hinduisten glauben an die Wiedergeburt der Person in einer anderen Lebensform, zum Beispiel als Kuh oder als Regenwurm.
Die **Buddhisten** glauben auch an die Wiedergeburt, aber nicht derselben Person.
Der **Philosoph Sokrates** sagt: Entweder ist der Tod nichts oder ein Übergang zu einem anderen Ort.
Der **Philosoph Epikur** sagt: Der Tod interessiert mich gar nicht, denn solange ich lebe, bin ich nicht tot – und wenn ich tot bin, bin ich nicht mehr.

5 Prüfe: Welche Vorstellung passt am besten zu dir?

6 Findet heraus: Wie gehen die Menschen in unterschiedlichen Religionen mit dem Tod um?

Mediencode 20022-61

Vom Anfang der Welt und der Goldenen Regel

Mediencode 20022-62

Nicht nur in den Naturwissenschaften, sondern auch in den Religionen machen sich Menschen Gedanken über den Anfang von allem. Naturwissenschaftler sprechen vom Anfang als Urknall. Sie fragen: „**Wie** ist die Welt entstanden? **Wie** ist die Entwicklung des Universums abgelaufen?“
Die Erzählungen in den Religionen suchen eher nach Antworten auf die Fragen: „**Warum** ist die Welt entstanden? **Wer** wollte, dass sie da ist?“ Sie nennen die Welt nicht nur „Welt“, sondern „Schöpfung“.
Das bedeutet: Was geschaffen wurde und sich nicht selbst erfunden hat.

nach Julia Knop

1 Finde heraus: Was ist mit der Urknalltheorie genau gemeint? Welche Schöpfungserzählungen gibt es? Nutze eine Kindersuchmaschine im Internet.

Mediencode 20022-63

2 Male: Wie stellen sich die Naturwissenschaften die Entstehung der Welt vor? Wie sehen es die Religionen?

3 Erkläre: Worin unterscheiden sich die Fragen in den Naturwissenschaften von denen in den Religionen?

4 Prüfe: Kannst du die Sichtweise der Naturwissenschaften oder die der Religionen besser nachvollziehen? Oder beide?

5 Erklärt: Was ist der Unterschied zwischen naturwissenschaftlichem Wissen und religiösem Glauben?

Mediencode
20022-64

6 Sammelt Beispiele:
Was willst du nicht, das man dir antut?

7 Sucht euch ein Beispiel aus und erklärt, indem ihr es weiterspielt:
Wie kann euch die Goldene Regel helfen? 6

8 Erklärt: Warum heißt sie „Goldene Regel"?

Glaubensfreiheit

Mediencode 20022-65

Zusammen leben

Im Dorf lebt eine Gruppe von Kindern, die sich alle gut verstehen. Eines Tages beschließen sie, ein großes Fest zu feiern. Alle helfen mit. Vor dem gemeinsamen Essen sagt Niko: „Jetzt reichen wir uns die Hände und sprechen ein Gebet.“ Ein paar Kinder halten sich an den Händen. Die übrigen Kinder verschränken ihre Arme vor dem Körper und sagen: „Das machen wir nicht mit!“

1 Spielt weiter: Was passiert danach? 6

2 Erklärt: Warum möchte Niko ein Gebet sprechen? Warum möchten die anderen Kinder nicht mitmachen?

3 Beschreibt: Wie fühlt sich Niko? Wie fühlen sich die Kinder, die nicht beten möchten?

4 Entwickelt: Was könnt ihr in eurer Schule tun, damit sich alle Kinder mit und ohne Religion bei euch wohlfühlen?

Mediencode 20022-66

Im fremden Land

Sara ist mit ihrer Familie in ein neues Land gezogen. In ihrem Heimatland ist ihre Religion verboten und die Familie konnte nur heimlich zu ihren heiligen Orten gehen. Manchmal wurde Saras Familie sogar auf der Straße wegen ihrer Religion beschimpft. Jetzt im neuen Land können sie frei beten und zusammen ihre Feste feiern.

5 Erläutert: Wie fühlte sich Sara in ihrem Heimatland? Wie fühlt sie sich im neuen Land?

6 Erzählt: Kennt ihr ähnliche Geschichten?

Glaubensfreiheit

Mediencode 20022-67

Jeder Mensch und jedes Kind hat das Recht, seine Gedanken und seine Ansichten frei zu sagen und auch seine Religion frei zu leben.
Jeder Mensch und jedes Kind hat das Recht, selbst darüber zu entscheiden, ob es einer Religion angehören möchte und welcher Religion es angehören möchte.
Jeder Mensch und jedes Kind darf auch frei von Glaube und Religion leben.

nach UN-Kinderrechtskonvention Artikel 14 und *Allgemeine Erklärung der Menschenrechte Artikel 18*

7 Gestaltet einen Begriffs-Strauch: Was bedeutet Glaubensfreiheit? 7

Alle dürfen alles sein

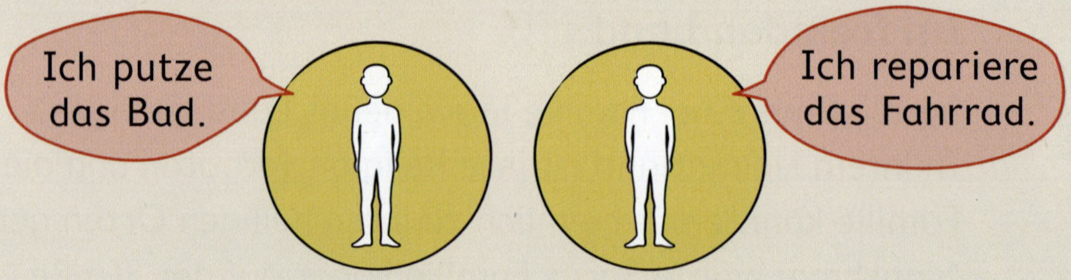

1 Beschreibe: Wie stellst du dir die Personen vor? Vergleicht eure Beschreibungen.

! Viele Menschen haben in ihren Gedanken bestimmte Vorstellungen, was zu welchem Geschlecht gehört. Das nennt man **Geschlechter-Stereotype**. Dabei werden bestimmte Gegenstände, Eigenschaften, Tätigkeiten oder Berufe in typisch männlich und typisch weiblich eingeteilt:

Mediencode 20022-68

Jungen spielen Fußball, Mädchen mit Puppen.

Bei der Feuerwehr arbeiten nur Feuerwehrmänner.

Frauen schminken sich.

Jungen prügeln sich gern.

2 Sammle auf Karten: Welche weiteren Beispiele fallen dir ein? Ordne sie Mädchen und Jungen zu.

3 Prüfe: Stimmen diese Zuordnungen für dich, deine Klasse, deine Freundinnen und Freunde?

Mediencode
20022-69

4 Diskutiert: Warum ist Karo so verwundert? Warum wundert sich Faula über Karos Verwunderung? 2

5 Betrachtet die Verpackungen. Diskutiert: Braucht man ein Shampoo für Jungen und eines für Mädchen? 1

6 Ordnet zu: Welche Sichtweise von S. 84/85 passt zum Denken in Stereotypen?

Jetzt weiß ich mehr über ...

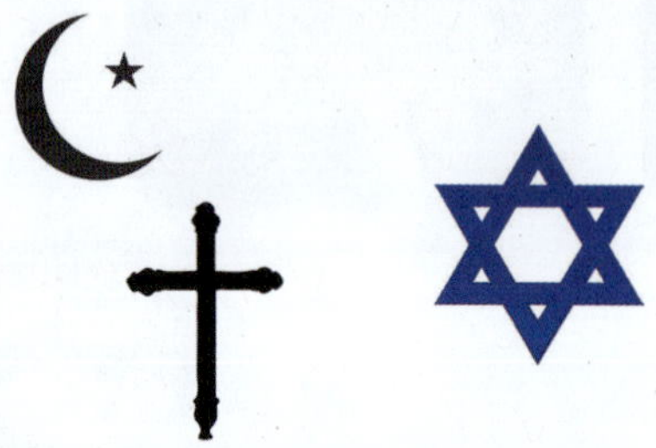

besondere Tage

Gebetshäuser

das Leben und den Tod

den Umgang miteinander

Glaubensfreiheit

Geschlechter-Stereotype

1 Reflektiere: Wie beantwortest du die Fragen zu diesem Kapitel?

Bildnachweise

AdobeStock / fizkes – S. 10; - / annette shaff (KI-generiert) – S. 79, 82; - / Shirt (KI-generiert) – S. 79; akg-images – S. 67; Alamy Stock Photo / ART Collection – S. 99, 100; - / GL Archive – S. 31; - / Heritage Image Partnership Ltd – S. 85; - / imageBROKER.com – S. 45; - / Martin Thomas Photography // © VG Bild-Kunst, Bonn 2025 – S. 49; - / Painters – S. 99, 100; - / Steve Bloom Images – S. 35; - / Uber Bilder – S. 29; - / Wirestock, Inc. – S. 91; Artothek / Westermann // © VG Bild-Kunst, Bonn 2025 – S. 11;Bundesarchiv / Sig. Bild 183-90865-0001 – S. 74; Getty Images Plus / iStock Editorial, bwb-studio – S. 61; - / iStock Editorial, Cloud-Mine-Amsterdam – S. 20; - / iStock Editorial, dinosmichail – S. 20; - / iStock Editorial, Janek – S. 91; - / iStock Editorial, Kateryna Kukota – S. 61; - / iStock Editorial, Ulrike Leone – S. 88, 89, 100; - / iStockphoto, ahavelaar – S. 70, 82; - / iStockphoto, Zuhria Alfitra – S. 28; - / iStockphoto, Anchy – S. 33; - / iStockphoto, Nadezda Anokhina – S. 59; - / iStockphoto, art-sonik – S. 34; - / iStockphoto, bad studio – S. 34; - / iStockphoto, Jose Vitor Barbosa Boro – S. 34; - / iStockphoto, Stefano Barzellotti – S. 91; - / iStockphoto, Tim Bingham – S. 33, 46; - / iStockphoto, Serhii Borodin – S. 34; - / iStockphoto, Bwiselizzy – S. 43; - / iStockphoto, Sergio Capuzzimati – S. 91; - / iStockphoto, Chocomint – S. 84; - / iStockphoto, ChristinLola – S. 86; - / iStockphoto, CORTUUM – S. 33; - / iStockphoto, CreativeNature_nl – S. 30; - / iStockphoto, DenKuvaiev – S. 50; - / iStockphoto, Michael Derrer Fuchs – 90 (3); - / iStockphoto, Aleksandar Dickov – S. 18; - / iStockphoto, duleloncar_ns – S. 34; - / iStockphoto, encrier – S. 59; - / iStockphoto, Eshma – S. 99; - / iStockphoto, EvgeniyShkolenko – S. 21; - / iStockphoto, evgenyatamanenko – S. 77; - / iStockphoto, eyewave – S. 34; - / iStockphoto, fad1986 – S. 34; - / iStockphoto, Far700 – S. 34; - / iStockphoto, Eduard Figueres – S. 50; - / iStockphoto, Foottoo – S. 55, 64; - / iStockphoto, FourOaks – S. 30, 46; - / iStockphoto, Felix Geringswald – S. 90; - / iStockphoto, Moriah Gold – S. 91; - / iStockphoto, Grandfailure – S. 28; - / iStockphoto, heartstock – S. 34; - / iStockphoto, Mario Hoppmann – S. 18; - / iStockphoto, Sabine Hortebusch – S. 18; - / iStockphoto, janniwet – S. 11, 48, 84; - / iStockphoto, Inna Kharlamova – S. 80; - / iStockphoto, Megan Kobe – S. 30; - / iStockphoto, Kositskaya Olga – S. 34; - / iStockphoto, Naomi Kotek – S. 30; - / iStockphoto, Ayna Krivobokova – S. 34; - / iStockphoto, Laures – S. 34; - / iStockphoto, Delmas Lehman – S. 18; - / iStockphoto, Janusz Lukomski-Prajzner – S. 18; - / iStockphoto, madcorona – S. 18; - / iStockphoto, MartinJGruber – S. 30; - / iStockphoto, monkeybusinessimages – S. 20, 21, 52, 64, 96, 100; - / iStockphoto, Viktor Morozuk – S. 34, 75; - / iStockphoto, Namanka – S. 33; - / iStockphoto, oksix – S. 68, 82; - / iStockphoto, NATALIIA OMELCHENKO – S. 34; - / iStockphoto, ooddysmile – S. 33; - / iStockphoto, Pauws99 – S. 75; - / iStockphoto, plepann – S. 33; - / iStockphoto, Olga Prokopeva – S. 34; - / iStockphoto, RobertoDavid – S. 91; - / iStockphoto, Raul Ruiz – S. 78 (2); - / iStockphoto, Serenethos – S. 72, 82; - / iStockphoto, Elena Sergejeva – S. 89; - / iStockphoto, shironosov – S. 20; - / iStockphoto, .shock – S. 89; - / iStockphoto, Six_Characters – S. 61; - / iStockphoto, StHelena – S. 59; - / iStockphoto, svaga – S. 99; - / iStockphoto, tbel – S. 21; - / iStockphoto, thomaslenne – S. 49, 85; - / iStockphoto, tylim – S. 59; - / iStockphoto, ~Userba9fe9ab_931 – S. 34; - / iStockphoto, ~UserGI15613517 – S. 61; - / iStockphoto, venemama – S. 88, 100; - / iStockphoto, Mariia Vitkovska – S. 59; - / iStockphoto, VYCHEGZHANINA – S. 73 (2); - / iStockphoto, Wavebreakmedia – S. 50 (2), 59; - / iStockphoto, Kevin Wells – S. 30; - / iStockphoto, Wirestock – S. 91; - / Retrofile RF, FPG – S. 21; Sylvia Graupner Illustration, Dresden – S. 24, 26; Sonja Henschel – S. 79; iStockphoto / Orbon Alija – S. 50, 64; - / bsd555 – S. 87, 100; - / ferrantraite – S. 81; - / FG Trade – S. 50; - / hadynyah – S. 61, 64; - / jonnymoon – S. 87, 100; - / kate_sept2004 – S. 20; - / Lara2017 – S. 87, 100; - / sneska – S. 23; - / Tolga TEZCAN – S. 27, 47, 65, 83, 101; - / vorDa – S. 20; Antje Kahl, Berlin – S. 93; Irena Kobald / Freya Blackwood, Zuhause kann überall sein, Copyright © 2022 Irene Kobald / Freya Blackwood, Knesebeck Verlag – S. 69; © Anke Kuhl aus „Alles Familie!“, Klett Kinderbuch 2010 – S. 19, 26; Bettina Kumpe – S. 51; Wolf Erlbruch, Ente, Tod und Tulpe © Verlag Antje Kunstmann, München 2007– S. 92, 100; Henrike Lerch – S. 43, 46; Mauritius Images / Alamy Stock Photo, Ger Bosma – S. 35, 46; - / Alamy Stock Photo, CBW – S. 74; - / Alamy Stock Photo, Jasper Chamber – S. 76, 82; - / Alamy Stock Photo, Monika Makovičková – S. 43; - / Alamy Stock Photo, Pictorial Press Ltd – S. 15, 26; - / Alamy Stock Photo, The History Collection – S. 31; picture-alliance / dpa, Abdelhak Senna – S. 61; - / dpa, Angelika Warmuth – S. 48; - / Martin Schroeder – S. 66; Pixabay / MR1313 – S. 29, 66; Shutterstock / Magdalena Kucova – S. 89; - / Pvince73 – S. 39; Stadtarchiv Crailsheim / Slg. Hartnagel – S. 75; SZ Photo / Süddeutsche Zeitung Photo – S. 74 (2); www.wikimedia.org / Wolfgang Sauber, CC BY-SA 3.0 – S. 42.

Textnachweise

Faula-und-Karo-Dialoge (Originalbeiträge)
S. 6/7 Gustav Beyer und Klaus Blesenkemper
S. 8, 9, 45, 70 Klaus Blesenkemper
S. 12, 17 Fanny Gatzke
S. 32, 36/37, 38, 40 Sarah Huck
S. 51 Katja Bergmann
S. 56 Anna Plader
S. 58 Klaus Blesenkemper und Anna Plader
S. 76 Waltraud Bagge
S. 63 Klaus Blesenkemper und Henrike Lerch
S. 85, 95, 99 Peter Bannier

S. 8 nach: Platon: Laches, in: Gunther Eigler (Hg.): Platon: Werke in acht Bänden, Band 1, Darmstadt: WBG 2004, S. 219-285 (bearbeitet von Klaus Blesenkemper)
S. 9 Ludwig Marcuse: Aus den Papieren eines bejahrten Philosophie Studenten. München: List 1964. S. 21 (leicht gekürzt und vereinfacht).
S. 12 UN_Kinderrechtskonvention Art. 7 https://www.unicef.de/informieren/ueber-uns/fuer-kinderrechte/un-kinderrechtskonvention (Stand: 12.01.2025, gekürzt).
S. 14 Henri J.M. Nouwen: Die Gabe der Vollendung, übersetzt von Bernardin Schellenberger. Freiburg: Herder 1994 (gekürzt und leicht verändert).
S. 15 Hannah Arendt: Vita Activa oder Vom tätigen Leben, München: Pieper 2020. S. 217.
S. 22 Georg Bydlinski: Wann Freunde wichtig sind. Aus: ders.: Der Mond heißt heute Michel. Freiburg: Herder 1981.
S. 23 Katja Bergmann
S. 24 nach einer japanischen Legende.
S. 25 Irina Korschunow: Ich bin so gemein gewesen. Aus: Kindergeschichten aus Deutschland. Hrsg von Karlhans Frank. Frankfurt a.M.: Fischer Verlag 1980. (gekürzt und leicht verändert)
S. 31, 32, 36/37, 38, 39, 41 Sarah Huck
S. 42 Augustinus, Bekenntnisse (Confessiones), übersetzt und herausgegeben von Kurt Flasch und Burkhard Mojsisch. Stuttgart: Reclam Verlag 1989. S. 314.
S. 44 Michael Ende: Momo. Ein Märchen-Roman. K. Stuttgart: Thienemann Verlag 1973, S. 37.
S. 45 Christa Wolf: Moskauer Tagebücher. Wer wir sind und wer wir waren. Reisetagebücher, Texte, Briefe, Dokumente 1957–1989. Hrsg. v. Gerhard Wolf unter Mitarb. v. Tanja Walenski. Berlin: Suhrkamp Verlag, 2014. S. 91.
S. 52 Katja Bergmann, inspiriert durch: Katja Dunke: Das kleine WIR. Hamburg: Carlsen 2016.
S. 53 Gustav Beyer, inspiriert durch: Klasse 10a der Ferdinand-Porsche-Realschule. Wolfsburg: Was ist denn schon dabei. Weinheim: Beltz & Gelberg 2017, S. 55–57.
S. 54 Anna Plader.
S. 58 Gustav Beyer und Klaus Blesenkemper.
S. 62 Gustav Beyer und Anna Plader.
S. 64, 80 Klaus Blesenkemper.
S. 69 Irena Kobald: Zuhause kann überall sein. München: Knesebeck-Verlag 2015.
S. 70 Brigitte Hoffmann (Text) u. Dorothea Tust (Bilder): Toleranz und Respekt. Einfach gut erklärt. Reihe: pixi wissen. Hamburg 2021: Carlsen, S. 14.
S. 72 Nachtext von: Jorge Bucay: Wie der Elefant die Freiheit fand. Frankfurt a. M.: Fischer Sauerländer 2010.
S. 77 Waltraud Bagge.
S. 86 Kobi Yamada: Erkennen. Berlin: Adrian & Wimmelbuchverlag 2023.
S. 87 Moritz Vogel: Wie heißt eigentlich der Begriff für Fastenzeit, https://www.religionen-entdecken.de/fragen/4398/wie-heisst-der-eigentlichebegriff-fuer-fastenzeit (Stand 14.04.2025; gekürzt und leicht verändert).
S. 89, 98 Peter Bannier.
S. 92 Wolf Erlbruch: Ente, Tod und Tulpe. München: Verlag Antje Kunstmann 2021.
S. 94 nach Julia Knop: Philosophie für Kinder. Die großen Fragen des Lebens. Freiburg im Breisgau: Herder 2023.
S. 96, 97 Taalke Hanna Joosten.
S. 97 nach UN Kinderrechtskonvention Art. 14 https://www.unicef.de/informieren/ueber-uns/fuer-kinderrechte/un-kinderrechtskonvention (Stand: 11.03.2025) und Allgemeine Erklärung der Menschenrechte Art. 18 https://unric.org/de/allgemeine-erklaerung-menschenrechte/ (Stand: 11.03.2025)

1 Beschreibe: Wie hat dich die Reise mit Faula und Karo geprägt?

2 Erklärt: Was bedeutet es, von etwas geprägt worden zu sein?